JN028519

たった1cmの差が
あなたの未来をがらりと変える

キム・ウンジュ／文　キム・ジェヨン／イラスト　小笠原藤子／訳

文響社

あなたにもう1cm近づいて──

読者のみなさん、こんにちは!

おかげさまで現在「＋1cm」シリーズは世界の国々12カ国で刊行されています。

そして今回『＋1cmLIFE　たった1cmの差があなたの未来をがらりと変える』で再び日本でもお目にかかれることになり、とても嬉しく思います。

実はこの本、2008年に出版された記念すべきシリーズ最初の1冊。12年の歳月を経た今、復刻版として再登場しました。

長きにわたり、世界中の読者の人生を1cmずつ変えるお手伝いができたこの本が、みなさんの人生に、どのような意味ある変化を呼び起こせるのか……ワクワク、ドキドキしています。

この本は、二つのことをきっかけに作られました。

まずひとつめは「おもしろいことになら余白をどう使ってもいい」という考え。

だから、この本ではあちこちでページを折り曲げたり、絵を描いたり、また戻ってみたりする楽しみが隠れています。存分に想像のつばさを広げてください。

二つめは「私たちの人生に必要なもう1cmとは?」という疑問。

あと1cmだけ見方を変えることは、その日の気分であなたに新しいアイデアを運んでくれるかもしれないし、温かい応援や、疲れた心の癒しになるかもしれないし、はたまた恋や夢が芽生えるヒントになるかもしれません。それはまさに、あなただけが発見できる価値観そのもの。

この本を通して、まだ気づいていなかったあなただけの「＋1cm」を日々発見していただければ幸いです。

──キム・ウンジュ

ミレニアムやチェンジなど世代を彩る単語があふれ、トレンドが休む間もなく変わる世界。そんな中、長年変わらぬ愛でこの本を読んでくださっている読者のみなさんに心より感謝致します。

この本が出版された当時と今を比べてもずいぶん違いますし、これからも世界は変わり続けるでしょう。でも「＋1cm」というキーワードは、私たちに変わらない価値を見せてくれるはずですから、思い切ってこんなことをお願いしたいと思います。

これからも、今まで以上に応援してくださいね！

本書のイラストは、以下の基準で描かれています。

—単純な挿絵ではなく、「それぞれ独立したメッセージ」を届ける

—1回きりの登場人物ではなく「生命力のあるキャラクター」にする

—お飾りのイラストではなく、読者と文章をつなぐ「メッセンジャーの役割」を果たす

—描かれた人や物のおもしろさではなく、

　　「見る人をおもしろく楽しい気分」にする

—明るい未来に必要な「＋1cm」と

　　新たな楽しみが感じられるようにする

本書を手にしてくださった
すべてのみなさんの口元に、共感の笑みが
広がることを願っています。

——キム・ジェヨン

ちょっぴり親切すぎる

1pageのプチガイド

その1.
110のお話を読めば心拍数が安定し、エンドルフィン効果の期待大。

その2.
絵を描いたり、ページを折り曲げたり、他のページに飛ばされたり、ドキドキする仕掛けがいっぱい。

その3.
登場人物みんなの愉快なサイドストーリーもお見逃しなく！

その4.
映画は2時間楽しめて、遊園地は3〜4時間興奮が続く。「＋1cm」シリーズは、ずっと記憶に残るユーモアと共感をプレゼント。

目次

TO THINK ＋ 1cmの思い込みを手放せば、新しい世界の始まり

TO LOVE ＋ 顔があと1cm近づけば、次はキスの予感

TO OPEN ＋ もう1cm深く覗き込むと見えてくる人々の世界

TO RELAX ＋ 日常にホッとできる1cmの余裕を

TO GROW ＋ あなたは日々1cmずつ成長している

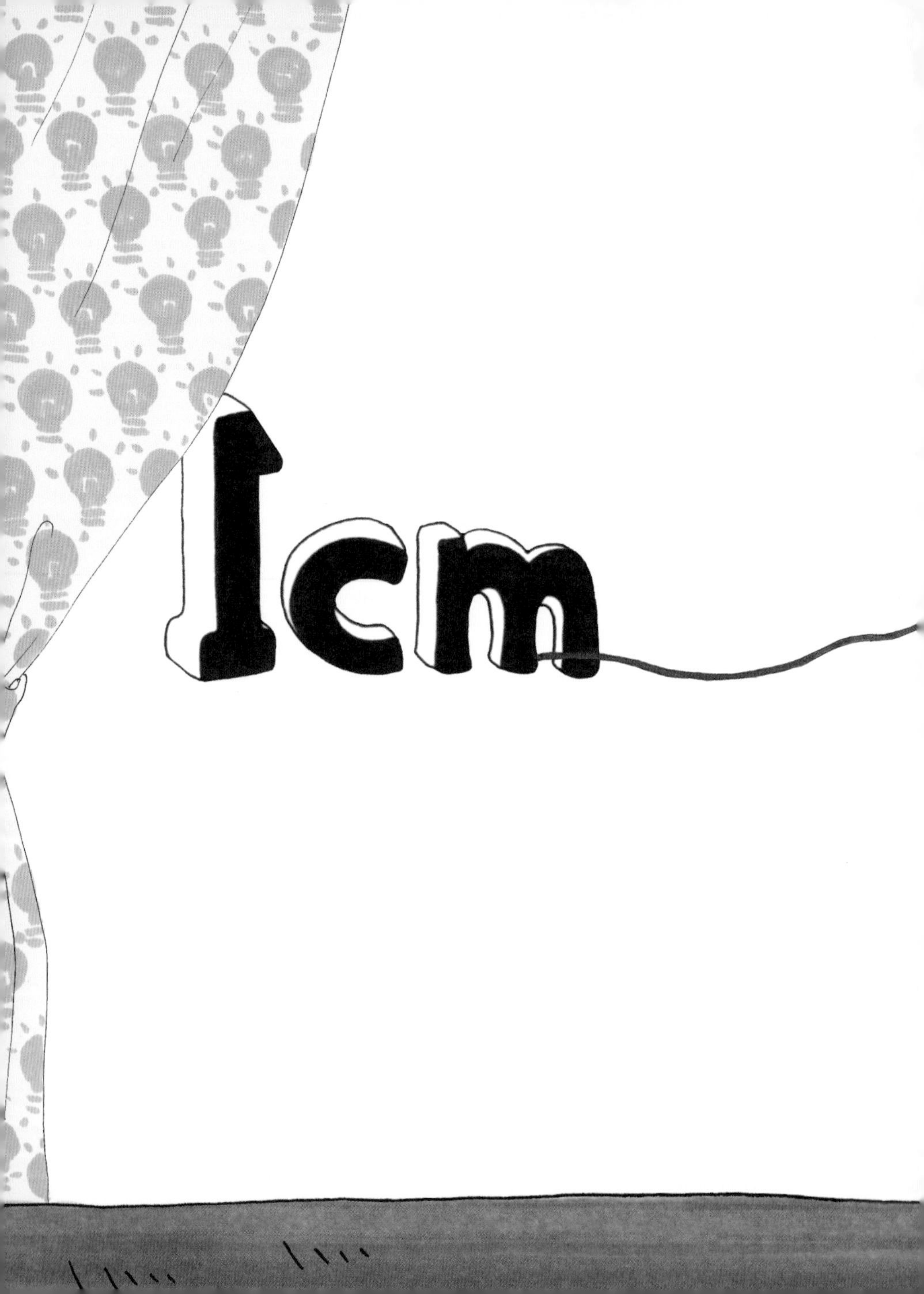
1cm

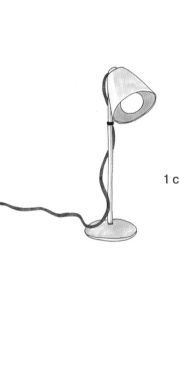

TO THINK

1cmの思い込みを手放せば、
新しい世界の始まり

固定観念

スーパーウルトラマン　　　　小学生　　韓国人

カップル

天才

マネキン

スキンヘッド

大食い

最初の5秒は……

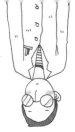

美容師

すっぴん美人　　おしとやか

カッコつけた優等生

固定観念。

キリギリス

いい心者

コスプレ　　トンデムン
東大門の安い服

ダチョウの卵

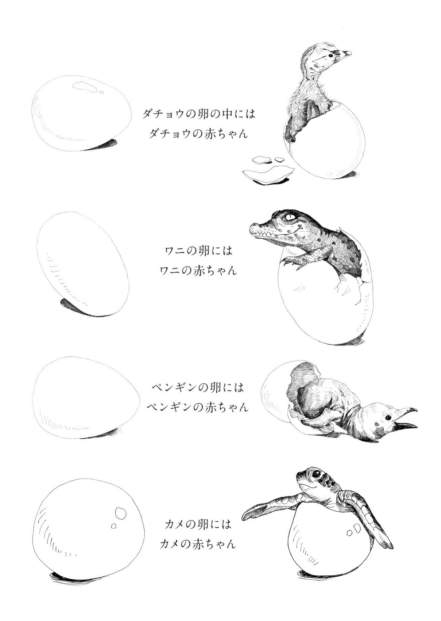

ダチョウの卵の中には
ダチョウの赤ちゃん

ワニの卵には
ワニの赤ちゃん

ペンギンの卵には
ペンギンの赤ちゃん

カメの卵には
カメの赤ちゃん

ニワトリの
卵の中には
……
ゆで卵！

人生がおもしろいのは
何とかなるくらいの予想外が
待ち受けているから。

口先50年、準備100年

汗をかいても
さらさらな
ゴアテックス

吸水力ばつぐん!
すぐ乾く!
水泳選手が
使うタオル

ミネラルウォーター

一応
ヨガマットも

ハンドル
ふわっふわ
ブランドのダンベル

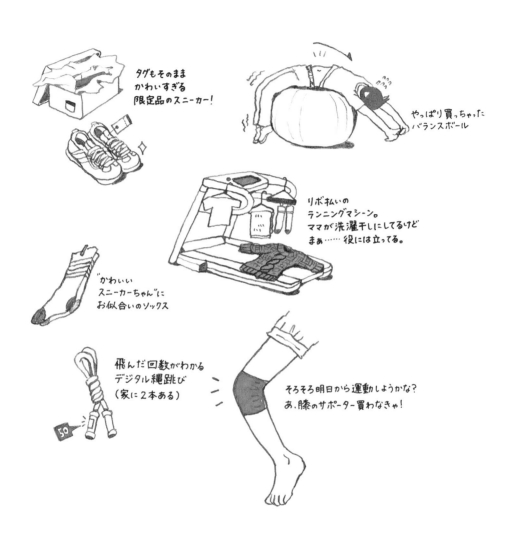

タグもそのまま
かわいすぎる
限定品のスニーカー!

やっぱり買っちゃった
バランスボール

リボ払いの
ランニングマシーン。
ママが洗濯干しにしてるけど
まぁ……役には立ってる。

"かわいい
スニーカーちゃん"に
お似合いのソックス

飛んだ回数がわかる
デジタル縄跳び
(家に2本ある)

そろそろ明日から運動しようかな?
あ、膝のサポーター買わなきゃ!

「100%準備できたら始めよう」は
「永遠にやらない」と同じこと。

Old&New

電動歯ブラシが登場しても
歯ブラシは捨てなかった。

ワンタッチ式傘が登場しても
普通の傘は捨てなかった。

テレビが登場しても
ラジオや映画はなくなったりしなくて

新しい歌がヒットしても
昔の歌は歌い継がれている。

新しいものは歓迎され
馴染みあるものは大切にされる。

MONSTER

世界には同じ色がいっぱい

1

2

3

4

5

6

※同じ番号に色を塗ろう！

淡いピンクの子どもの頬……猫の三角鼻
ジェームスの青い瞳……海
影……雨雲
砂漠……ラクダやラマ
ピアノの鍵盤……乳牛
紅いバラ……夕陽
輝く真珠貝……瞬く星

神は、同じ絵の具を
いろいろなところで使われた。

泣ける映画のメリット

泣ける映画も
ポップコーンとコーラで鑑賞できるのは
悲しみや絶望が
ハッピーエンドを際立たせるための仕掛けだと
よくわかっているから。

悲劇的な結末ですら
映画が終わると同時に
現実では大きな効力を発揮できなくなるから。

傷つかないで痛みを経験できるのは
泣ける映画のメリットだ。

苦しまずに味見できる果実

世界には
苦しまずに味見できる果実がある。

ルートヴィヒ・ヴァン・ベートーヴェンの交響曲
アラン・ド・ボトンの『ステイタスの不安』
ルネ・マグリットの＜巡礼者＞
オーギュスト・ロダンの＜地獄の門＞

ベートーヴェン

モーツァルト

創造の苦痛からなる果実を
私たちはちょっとのお金で
苦しまずに味わえる。

天才のみなさん、ありがとうございます。

アインシュタイン

モンスター

地球を見るための近視メガネ

地球、6回目の絶滅が進行中*
爆発的な人口増加
国際的な原油価格の高騰
絶滅危惧種の増加
ブラジル・アマゾンの森林破壊
世界的な貧富格差の拡大

このような深刻な問題を抱えているのに
私たちの目をくらます平穏すぎるものは、

明日が期限の報告書
今日のランチのメニュー
4日も連絡してこない合コン相手
うちの子犬チョンスの皮膚病
自分より高給取りの同僚
ワンサイズ上の服を買うか買わないかの問題

私たちみんな、
遠くで進行中の深刻な問題が見えるように
近視メガネを処方してもらわないと。

*国連環境計画（ＵＮＥＰ）報告書より

あなたも
皮膚病？

ヒント　その1

木ノ実は
木についてあれこれ語る。

でも木ノ実がいくら語っても
それはまだちっぽけなこと。

世の中にはもっとたくさん
語るべきことがあるのだ。

世界をプラスとマイナスで分けると

プラス極　　　マイナス極　　　　　　　誕生　　　　死

恋愛　　　　別れ　　　　　　　昼　　　　夜

晴れ　　　　曇り　　　　　　　生産　　　消費

夏　　　　　冬　　　　　　　　地上　　　地下

プラスの対極にはマイナス
マイナスの対極にはプラス

世界のバランスは
こうして保たれる。

摩訶不思議

子ども嫌いな友人が
先生になった。

いつか人を殺めてしまいそうと言った友人が
医者になった。

いちばん怖がりな友人が
警察官になった。

調味料に任せっきりだった友人が
シェフになった。

人の物もぜんぶ自分の物だと言い張っていた友人が
政治家になった。

そして私は、
祝ってあげた。

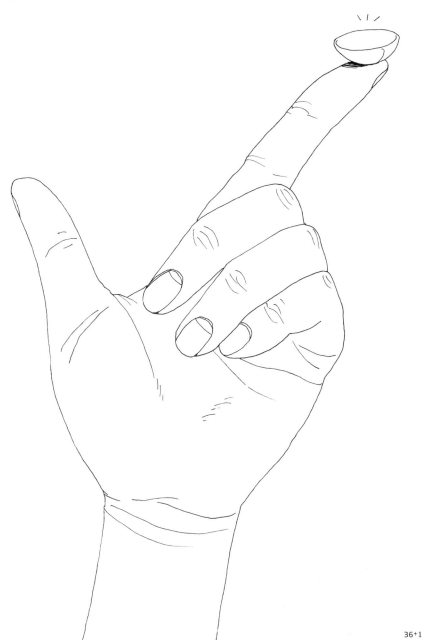

36+1

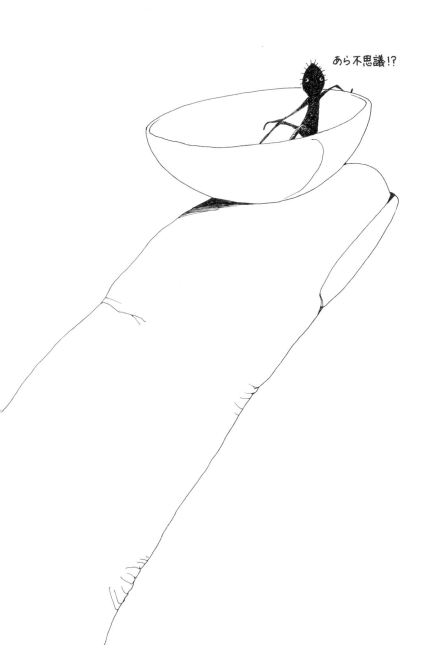

考えてみれば
私たちは知らないうちに
そんな先生に学び
そんな医者から治療を受け
そんな警察官を信じ
そんなシェフの料理を食べながら
そんな政治家に税金を払っている。

だけど
世界はうまく回っている。

ひょっとして
だから
うまく回っているのかな？

人生はサプライズ　その1

人生はサプライズ　その2

?

不幸せはいつだってサプライズ

＊剥製の恐竜だから安心して:)

ホントより強いウソ

人々は
つまらないホントより
ウィットに富んだウソに
関心を示す。

信じられないホントより
びっくりするようなウソに
大きくうなずき

無言のホントより
声高に叫ばれるウソに
耳を傾けてしまう。

ときには
紛れもないホントが
いとも簡単にウソに負けてしまう理由。

二つの世界

ネットのショッピングモールは随時アップデートされ、
アイドルの髪が伸びたとか短くなったとか
鼻を整形して高くなったとか低くなったとか
天気予報が当たった、外れたと繰り返し
2011年入学の学生がいた場所には、いつの間にか
2019年、2020年に入学した学生が座っている。
流行はオールドファッションと
フューチャリズムを繰り返す。

こんなふうに季節は流れ
世界は変わる。

ピカソは当時も天才、今も天才。
太陽は輝き続け、地球は公転し続け
愛は繰り返し語られる。
正義は勝ち、ユーモアはいつでも好まれる。
昔話と真理は、大人から子どもへと語り継がれる。

季節が変わっても
決して変わらない世界もある。

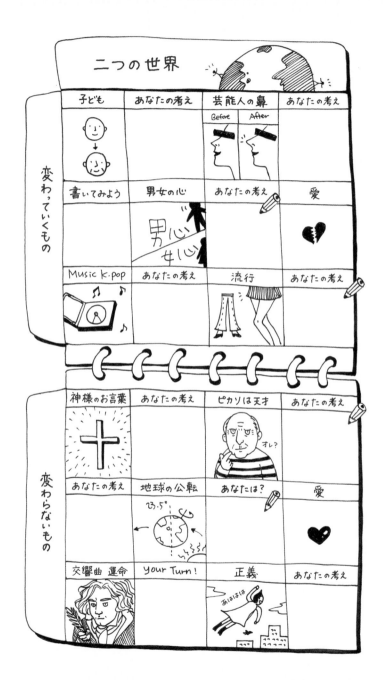

読まれないベストセラー　その1

読み始めるまで
ベストセラーの本は
ベストセラー。

ストーリーは興味津々、
登場人物は魅力あふれ
文章は読みやすく、共感できるはず。
1ページずつめくるのが
おいしいケーキを食べ終わってしまうみたいで
もったいないにちがいない。

でもベストセラーと呼ばれていても
読み始めてすぐに期待を裏切られるものもある。

最後まで読まれない本。
登場人物は陳腐、
文章は乱暴で薄っぺらい。
宇宙人なら共感できるのかも。
著者は騙す気なんてなかったかもしれないけれど
騙された気分。

皮肉にも、何冊かのベストセラーは
読まれる前のほうが話題になる。

ベストセラーがぜんぶ
みんなのベストセラーではないのだ。

読まれないベストセラー　その2

読み始めるまで
ベストセラーの本は
ベストセラー。

ストーリーは興味津々、
登場人物は魅力あふれ
文章は読みやすく、共感できるはず。
1ページずつめくるのが
おいしいケーキを食べ終わってしまうみたいで
もったいないにちがいない。

でもベストセラーと呼ばれていても
読み始めてすぐに期待を裏切られるものもある。

人も同じ。
よく知るまでは
すごく魅力的で、愛らしく、興味津々。

でも知れば知るほど
童話の主人公なんて存在しないと
気づくことがある。

そんな本は
読まないほうがいい。
そんな人は
幻想だけにとどめておいたほうがいい。

問題は、
読まないほうがいいかどうかは
読んでみて初めて
わかるということ。

そして
陳腐な本を読むリスクを負うべきか、
幻想を抱いたまま
本棚に飾っておくかは
いつでも本人次第なのだ。

VS

ピアノとピアニカを比べたら、ピアニカが悲しむ。
宮殿と小屋を比べたら、小屋が悲しむ。
コース料理とトッポッキを、ドレスとTシャツを比べたとたん
片方の価値が薄れてしまう。

ピアニカにはピアニカだけの音色が、
小屋には小屋だけが可能にする思い出が、
トッポッキにはトッポッキだけの味がある。

比較した瞬間
悲しくなる世界。
こんなバカげた悲しみはない。

青い鳥が運んでくれる
とびきりの幸せは、
宮殿じゃなく、小屋に隠れているかもしれないのに。

1cm

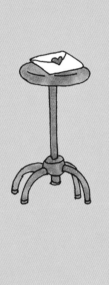

TO LOVE

顔があと1cm近づけば、
次はキスの予感

一緒に虹を見たい人

とつぜんの雨に傘を差し出してくれるなら
虹を一緒に見る価値のある人。

過去の恋愛から
学べること

過去の恋愛から学ぶ。
私の愛が足りなかった。

過去の恋愛から学ぶ。
私の配慮が足りなかった。

過去の恋愛から学ぶ。
ときめきが足りず
私の笑顔が足りず
関心が足りなかった。

1

1★   ★2

1★ ★2

過去の恋愛で学んだことは
新たな恋愛で生かされる。

4★   ★3

2

もっと愛し
もっと配慮し
もっとときめいて
もっと笑って
もっと会いたくなる。

過去の恋愛は新しい恋愛のための
練習で
過去の恋愛は新しい恋愛の
先生。

そして
恋する私は
間違いなく成長していく。

＊同じ色の★を順番に線でつなぐと
ある韓国語が浮かび上がります。やってみて！
（答えは270＋1ページ）

嫉妬で愛を確かめないで。
駆け引きで愛を確かめないで。
相手に連絡がつかないことで
無意味な言い争いで
他人の言うことで
愛を確かめようとしないで。

ただ
♥は
♥で確かめて。

みかんの剝き方

ときには
血液型より、みかんの剝き方で

その人のことが
ずっとよくわかったりする。

一目惚れ

ふたりが恋に落ちるには

本を１ページめくる時間があれば十分。

その人は……

その人はクッションになるかもしれず
童話になるかもしれず

その人は涙を拭いてくれるティッシュになるかもしれず
涙を流させる玉ねぎになるかもしれず

その人は静かな音楽になるかもしれず
電源をオンオフできるスマホになるかもしれず

その人は体にしっくりくるお気に入りのTシャツになるかもしれず
楽ちんなジーンズになるかもしれず

その人は風邪の治療薬になるかもしれず
風邪を引かせる冷たい風になるかもしれず

しきりに盗み見てしまいたくなる誰かのダイアリー、あるいは
ただ遠くから見つめていたい大切なフィギュアになるかもしれず

その人は……
…
..
.

愛する人の存在は
変幻自在。

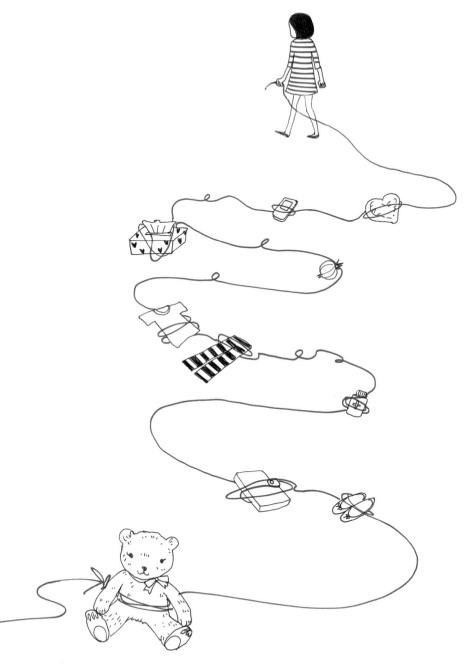

共通点

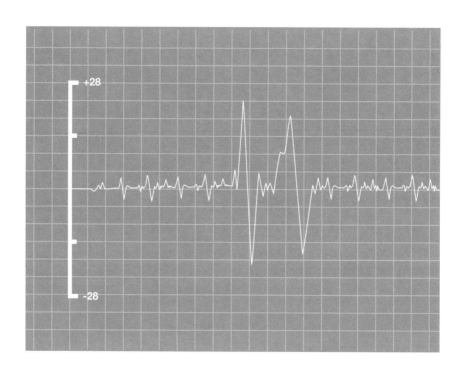

ホラー映画と恋愛の共通点は
ドキドキが止まらないこと。

天の定め

卵黄が好きな男性と
卵白が好きな女性が出会うこと。

歌うことが好きな男性と
歌を聴くのが好きな女性が出会うこと。

料理ができない女性と
料理が趣味の男性が出会うこと。

朝寝坊が好きな女性と
腕枕をしてあげるのが好きな男性が出会うこと。

涙もろい女性と
包容力のある男性が出会うこと。

それは、天が定めた縁。

点線に沿って

折ってください

折れ線は
簡単には消えない。

愛した痕跡は
言うまでもない。

知らなくていいこと

ひとつずつ覚えてしまう。

嫌いな豆を平気なフリして食べる方法。
左利きなのに、右手で字を書く方法。
英語を聞き取れるフリをする方法。
本で読んだ内容を、まるで自分の考えみたいに話す方法。
もともと二重まぶただったかのように思い込む方法。
朝寝坊した日の朝、風邪を引いたかのように鼻声を出す方法。
……
…
‥
.

そして
心では「行かないで」と叫んでいるのに
「バイバイ」と笑顔で言う方法。

恋の症状

彼の欠点を永遠にかばい続けるなら
彼の長所が世界一の長所だと思っているなら

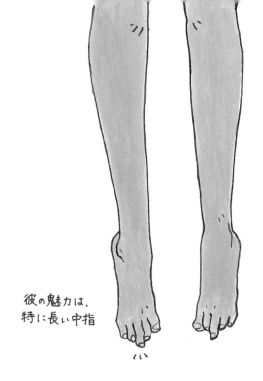

彼の魅力は、
特に長い中指

おめでとうございます。
あなたは恋に落ちています！

愛を阻むもの

愛を阻むものは

先約
送ってもらうには遠すぎる距離
デートするには寒すぎる天気
電話するにはあまりにも長引いた会議……

それは間違い。

愛を阻むものは
彼のことを
愛していない
あなたの心。

偏見

世界には偏見がある。

初恋は実らないという偏見。
コメディアンは家でもおもしろいという偏見。
チョルスくんとヨンヒちゃん＊は子どもであるという偏見。
ショッピングは微分積分より簡単だという偏見。
明日の天気予報も外れるだろうという偏見。

そして
恋愛は別れより簡単だという偏見。

＊韓国の絵本や教科書で、子どもによく使われる一般的な名前。

チョルスくん

ヨンヒちゃん

ブチ犬

理由

スキンシップが好きではないのではなく
その人を好きではないのかもしれない。

愛嬌がないのではなく
その人を想っていないだけかもしれない。

その人との記念日をいつも忘れてしまうのは
忘れっぽいからなのではなく
心の中にその人がいないからかもしれない。

胸に手を当ててみれば
わかるはず。

もしかしたら
その人を愛していない
自分の本当の心が。

2回目は平気

2回目は平気。
2回目の嘘は平気。
より巧みに、わからないように騙せる。

2回目は平気。
2回目のプレゼンは平気。
ドキドキしないで少しは落ち着いて話せる。

2回目は平気。
2回目の注射は平気。
よりリラックスして、涼しい顔で我慢できる。

だけど
2回目でも平気になれないもの。
いつまでも慣れないもの。
それは別れ。

2回目だからといって痛みが和らぐことはなく
不眠症に悩まされ
やっぱり食欲不振に陥る。

2回目でもそっくりそのまま
ドキドキした分だけズキズキ胸が痛み
いい想い出があるほどつらく
愛した時間の何倍も苦しい。

そしてそれは
3回目も4回目も
変わらない。

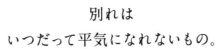

別れは
いつだって平気になれないもの。

雪道

別れは雪道を歩くようなもの。

何気なく振り返れば
雪が降り積もり

道はもう消されていた。

（　　）の外にいる男性

「ちょっと具合が悪いだけよ（さっきのあなたの言葉に傷ついた）」

「今日は友達と会うね（本当は友達よりあなたに会いたいけど）」

「近いから一人で行くわ（本当はあなたと一緒に歩きたい）」

「ごめん！　私もうっかりしてた（どうしたら記念日を
うっかりできるの？）」

「好きなものを食べてね（私が食べたいのは
パスタに決まってる）」

女性は男性が（　　　　）の中の言葉までわかってくれていると
固く信じている。
男性は女性が口にした言葉だけが女性の本音だと
固く信じている。

男女が何百年もの間、すれ違ってしまった理由は
まさに（　　　　）のせいだ。

女性は（　　　）の中に存在し
男性は（　　　）の外に存在する。

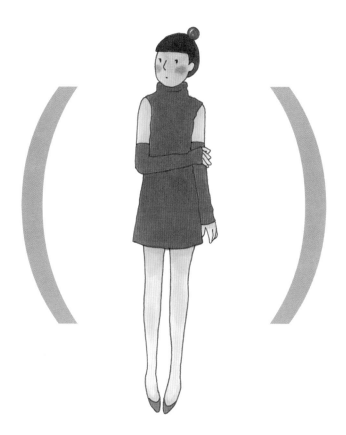

時間の引き算

想い出から感情を引くと

記憶になる。

次の（　　　）にあてはまる単語を入れなさい。

「（　　　）さん、私にはあなたしかいないの。
永遠に愛してる」

（　　　）内の名前は毎回変わる。

愛が永遠かと問われれば
永遠だけど
その対象は、同じ人に限らないと
答えるしかない。

だからといって
怒ったり、悲しんだりする必要はない。

落ち込んでもいつかは元気になるように
大好きだったケーキが口に合わなくなるみたいに
人が変わって、愛が変わることも
年を重ねるのと同じくらい自然なことだから。

変わらない愛だけを求めるのは
拘束するのと同じこと。
変わっても変わらなくても
長くても短くても
愛はそのときそのままで美しい。

愛に最もふさわしい言葉は
"今この瞬間"だ。

愛が尽きれば義務も終わる

電話やメールにいちいち返信する義務
不在着信を気にする義務
誕生日ケーキに蝋燭を立ててあげる義務
誕生日カードの言葉に悩む義務
晴れた日に会いたくなる義務
雨の日に傘があるか心配する義務
似合ってもいない髪型を、似合うねと言う義務
鼻をかむ音が子守唄みたいに聞こえるフリをする義務
相手が嫌いなグリンピースまで食べてあげる義務
相手の取り柄を世界一だと思う義務
欠点を知らんぷりする義務
一緒に笑い、涙を流す義務
いつでも味方になる義務。

そして……

義務を果たした瞬間を
幸せな想い出と記憶する義務。

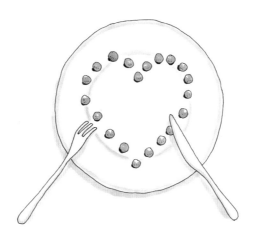

彼女を感動させるには

もちろん明洞にも
まだ知らない789の飲食店があるはずだし、
まだ行ってない4つの映画館や89店舗のカフェ、
まだ散歩してない68本の小道があるかもしれない。

それなのに、いつかは恋人と
ニューヨークのおしゃれなカフェでお茶を飲んで
ロンドンのSOHOでミュージカルを観て
パリのシャンゼリゼ通りを歩いてみたい。
これが彼女のロマン。

でも、ご存知?
彼女の心に響いているのは
ロマンよりもロマンのための彼の努力。

彼が彼女を喜ばせようと頑張れば
香港の夜景の代わりに、大学のグラウンドの夜空
ティファニーのジュエリーの代わりに、メッキのリング
高級レストランの代わりに、裏通りの美味しいテンジャンチゲ
ロンドンのミュージカルの代わりに、大学路小劇場の演劇でも
彼女はすっかり感動するはず。

ロマンを叶えるのは大変だけど
彼女を感動させるのは……実のところ簡単!

人間はナルシスト

団体写真は
人々が背景の個人写真だ。

誰でも真っ先に見つけようとするのは
自分の顔。

または、大好きな人の顔。

予想不可能な相手に
予想外の魅力を発見できるかもしれない。

ある男の話

世の人々が誕生したのは
自分の誕生日を祝うためだと信じる男がいた。

世界のすべての鏡は
彼を映すために
鳥たちは
彼の歌を歌うために
存在すると信じていた。

110+1

空と海が青いのは
青が彼のいちばん好きな色だからで
昼と夜が交互に訪れ
月の形が変わるのは
彼を退屈させないためだと思っていた。

でも
彼は幸せではなかった。

ある日、彼は一人の少女に出会った。
そこから、不思議なことが起こり始めた。

彼女に出会ってから

花は彼女に花輪を作るために咲き
星は彼女を照らすために輝き

海と空が青いのは
青が彼女にいちばんよく似合う色だからだと
彼は考え始めたのだ。

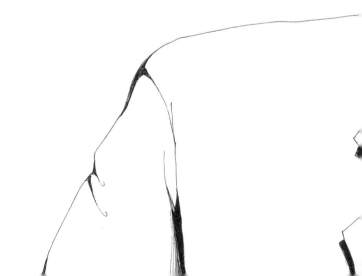

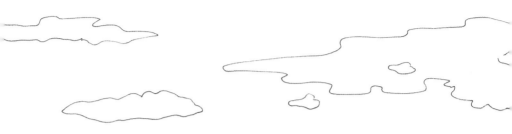

風が吹くのは
彼女の髪をくすぐるためで
果物が季節ごとに熟すのは
季節が変わるたびに、彼女が違う味を楽しむためだと
思い始めた。

世界の中心は
彼から彼女に移ったが
彼はこの上なく幸せになった。

120+1

1cm

TO OPEN

もう1cm深く覗き込むと
見えてくる人々の世界

禁じられた遊び

なんでピカピカなガラスほど
手の跡を付けたくなるの?

なんで歯は教わったようにきちんと
磨きたくないの?

なんで"18禁"映画は
あんなに観たくなるの?

なんでディスプレイに飾ってある靴に限って
欲しくなるの?

どうして他人の家の柿の木は
実が多く見えるの?

どうして実らない恋ほど
切ないの?

すでに持っている10個より
手に入らないひとつに
目が向いてしまうのはなぜ?

禁じられると気になり
禁じられた線は越えたくなり
禁じられた行為は魅力的。

アダムとイブが禁断の果実を食べたように
禁じられたものに向かう欲望に理由はなく
義務に反発する心理は説明などできない。
説明の必要もない。
それはいちばん基本的な
人間の本能かもしれない。

だからもう
刺あるバラの枝を折りたくなる自分に
びっくりしなくてもいい。

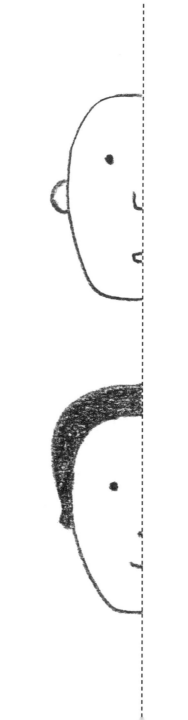

左とまったく同じように右も描いてください。

完璧に
左右が対称な人はいない。

それは

完璧な人などいないということ。

おめでとうございます。あなたは正常です。

昨日笑えたコメディアンが、今日はおもしろくない。
この間着てた服が、なんだかダサく見える。
こんな音楽が好きだったなんて信じられない。
気に入っていたヘアスタイルが、急に嫌でたまらない。
死ぬほど好きだったあの人の写真を見ても、何も感じない。
見向きもしなかったジャズダンスのチラシが、しきりに気になる。
小説を書きかけて、絵を描きたくなる。

このような症状が現れても
驚かないでください。

犬の毛が生え替わるように
人間も変わりゆくものだから。

顔も
考えも
味の好みも
性格も。

パーマ
かけようかな…

Aタイプ

爪がきちんと手入れされている。
一度も公共料金の滞納がない。
約束の時間5分前に到着する。
1日2回の猫のエサを決して忘れない。
Aは誠実で責任感あり

爪がきちんと手入れされている。
一度も公共料金の滞納がない。
約束の時間5分前に到着する。
1日2回の猫のエサを決して忘れない。
Aは融通が利かず窮屈

世の中は考え方次第。
主観的な見方ができなければ
人の下した結論で世の中が見えてしまう。

永遠に
虹は七色で
アリは頭・胸・腹でできていると
信じて生きるには
人生はあまりにもカラフルでスペクタクル。

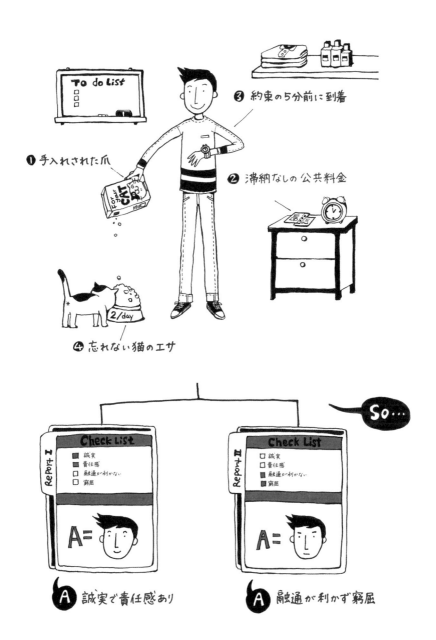

To do List

❶ 手入れされた爪

❷ 滞納なしの公共料金

❸ 約束の5分前に到着

❹ 忘れない猫のエサ

2/day

So…

Report I

Check List

- ■ 誠実
- ■ 責任感
- ■ 融通が利かない
- □ 窮屈

A= 誠実で責任感あり

Report II

Check List

- □ 誠実
- □ 責任感
- ■ 融通が利かない
- ■ 窮屈

A= 融通が利かず窮屈

カエルはオタマジャクシだった頃を覚えていない

社長が課長代理だった頃を思い出すのは

トップスターがエキストラ10番だった頃を
思い出すくらい難しい。

長所が見えないという短所

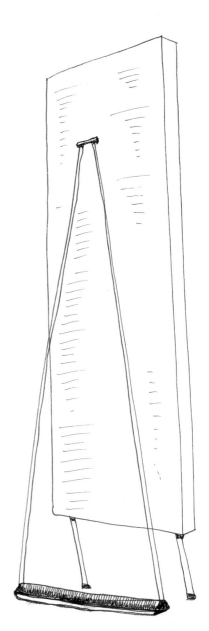

ヒーローのすごさがわからないなら
ヒーローは近くにいるのかもしれない

意外と多くの人には、
近くにいる人の長所が見えないという
短所がある。

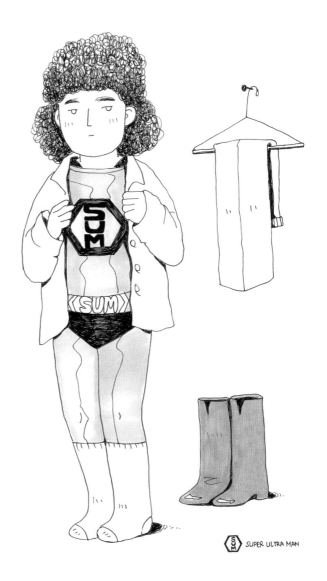

SUPER ULTRA MAN

他人を理解する

どうしてあの人は
血液型を鵜呑みにするようになったの？

どうしてあの人は
コーヒーに少し塩を入れるようになったの？

どうしてあの人は
タバコの箱にまで名前を書くようになったの？

どうしてあの人は
ストライプのストッキングにストライプのスカートが
素敵な相性だと思うようになったの？

理解できない癖、趣向や性格は
その人たちの
ストーリーを聞いた瞬間
理解できるようになるもの。

昔話で
ノルブ*が意地悪になるしかなかった
かわいそうな事情も一緒に語られていたら
ノルブもみんなに理解されたかもしれない。

理解できない人など本当は誰もいない。
ただその人のストーリーぜんぶが
語られるチャンスがなかっただけ。

＊韓国に伝わる、善良で正直者の弟フンブと
意地悪で欲張りな兄ノルブの昔語より。

頭と胸
^{リセイ} ^{ハート}

アリは
頭・胸・腹でできていて

人は
頭と胸^{リセイ ハート}でできている。

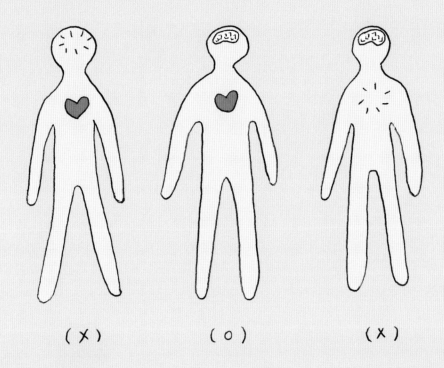

(X)　　　　　(O)　　　　　(X)

無難な返事

知られたくない人に
傷ついた心がバレると
別の傷を負ってしまう。

だから人は自分も気づかないうちに
無難な返事を繰り返している。

ポーカーフェイスと元気そうな声だけ装えれば
心を見透かされないで済む
素っ気なく無難な返事。

「はい」
「いいえ」
「大丈夫です」
「わかりません」
「さあ、どうでしょう」
「寝不足みたいで」

だから、もし反対に
誰かがあなたの質問に
無難な返事ばかりしていたら

その時は勘ぐるのをやめて
それ以上聞かないのが
礼儀。

その人が
安全地帯にいられるように。

同じ服、違った雰囲気

違いを醸し出すのは
洋服ではなく
その服を着る人。

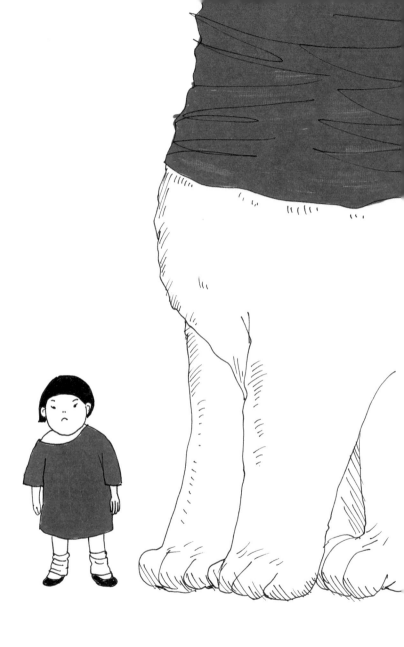

青は藍より出でて
藍より青し

立派な師匠は
弟子に
進むべき道を示してくれるが

立派な弟子は
師匠に
進めなかった道を示す。

ごめんの代わり

「道が混んでて」
「うっかりして」
「会議が長引いちゃって」
「寝坊しちゃって」
「複雑な事情があって」
こんな言葉はぜんぶ「ごめん」の代わりにはならない。

「ごめん」と素直に言えば
きっと言葉を返してくれる。

エナジードリンク飲んで
定時上がり！

だから

「ごめん」という言葉を待たせるほど

申し訳ないことはない。

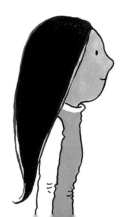

味の好み

イタリアンシェフが作った、失敗作のしょっぱいクリームパスタ。
店の名前は微妙だったけど、おいしかった甘辛のトッポッキ。
なんとなく入ったパッとしない食堂の驚くほど美味しい白いご飯、
大嫌いなナスが見違える姿で現れた天ぷら丼、
雨が降る日曜日に食べるママの特製ネギキムチチヂミ。
その他にも
28年間ほとんど抜かなかった1日3食で経験した
数えきれない料理の成功と失敗。

ときどき、状況によって
不思議と忘れたと思っていた味が蘇ってくる。

疲れ果てた時には、あのこってりしたクリームパスタが食べたくなり
ストレスを感じる日には甘辛のトッポッキが食べたくなり
週末の朝の空きっ腹にはあの食堂の白いご飯が、
しとしと雨が降る日には、決まってママのチヂミが食べたくなる。

味の好みはその人の歴史。
そして歴史は
いつだって更新されていく。

To サンタクロース

浅はかな考えをお許しください。
すぐにカッとなったことをお許しください。
咲いたばかりの花をもぎったことや
知らずにアリたちを踏み潰してしまったことをお許しください。
心の中であざ笑ったことや
心にもないことを言ったことをお許しください。
横入りして知らんぷりしたこと
待たされた料理に文句を言ったこと
そして
もっとひどいことをしでかしたのに、それを今覚えてもいないことを
お許しください。

ですから
とてもお若く見えるサンタクロースのおじいさん、
お越しの際には、私のクリスマスプレゼントをお忘れにならないようお願いします。

反省するのが"いいこと"なら
少なくともひとつは"いいこと"をしたってことになりますよね?

折ってください

From サンタクロース

人は見かけによらない

穏やかそうな顔から、怒った顔はとても想像できない。
おとなしそうな顔から、果敢な行動はとても想像できない。
怖そうな顔から、優しい微笑みはとても想像できない。

穏やかそうな人は穏やかだと
おとなしそうな人は、おとなしいと
怖そうな人は怖いと思い込んでいる。

人は、思った以上に単純だ。
だから私たちは多くのことを見逃している。

怖い顔からにじみでる温かい微笑み
神経質そうなのにあふれる優しさ
自分勝手そうなのに、人のために流す涙。

顔はその人の多くを語ってくれるけれど
それはぜんぶではない。

そしてそのぜんぶではない一面が
時としてその人のぜんぶになる。

タイムマシーン

大人は
子どもになりたくて

子どもは
大人になりたい。

褒め言葉

天才だって
天才と呼ばれれば
嬉しい。

ゾウだ!

真理について

大人のほうが子どもより世の中について

医者が患者より傷について

先輩が後輩より責任について

学者が学生より学問について

牧師が信徒より信仰について

よく知っていると決めつけないで。

自分が知らないたったひとつのことを
誰かが知っていて、
そのひとつが
他のすべてのことより重要かもしれないから。

真理は
量ではない。

真理は
見上げた先にあるかもしれず
下を向いても見つからない。

大声

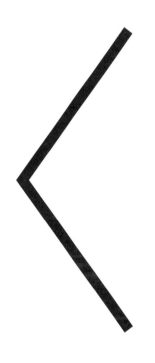

演説家の大声より
少女の小さいつぶやきに
心動かされる時がある。

好きな曲

私が好きな一曲に
私がいちばん好きなメロディーと
私がいちばん嫌いなメロディーが混ざっていても

やっぱり
私が好きな曲。

人生も、私が好きな曲と同じ。
人も、私が好きな曲と同じ。

いい日に嫌なことがあっても
好きな人に嫌いな部分が混ざっていても

私が好きな人生だし
私が好きな人。

"好き"は
"嫌い"に勝るのだ。

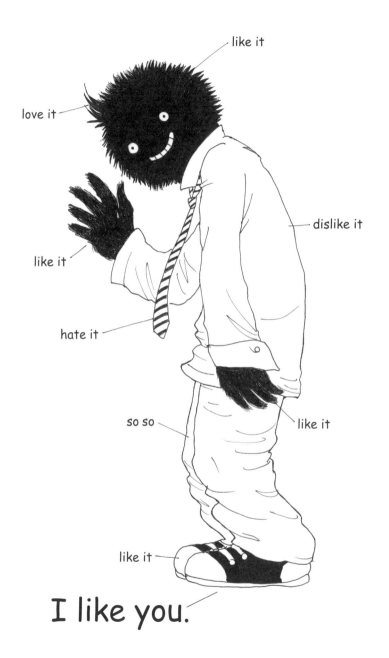

ガキ大将

あの時、パーティに行こうと、もう少し強く誘ってくれればよかったのに。
あの海は思っているより深くないと、もう少し説得してくれればよかったのに。

あの本は難しくないと
先に告白しても成功する確率は高いと
あの服を着こなせると
映画制作はおもしろいと
ケーキは太るけど一切れなら大丈夫だと
疲れても徹夜は楽しいと
あのカバンは少し高価だけど、長期的に見れば賢い買い物だと
誰も渡れないあの橋は絶対崩れたりしないと。

初めての経験
気軽にはできないこと
甘い誘いに惹かれるけど決心するのが怖いこと
本当は背中を押されたいと望んでいる。

優柔不断な瞬間
決断できない瞬間
誰かが現れて
やってみなよ、
行動してみなよ、
きっと楽しい経験になるからと
説得されるのを待っている。

すべてのことは、二面性を秘めている。
新しい経験に抱く期待と恐れ。
その感情は子どもの時と変わらないから
大人にだってガキ大将が必要になる。

少しくらい冒険をしてでも
人生がもう少し楽しくなる可能性があるのなら

さあ、今すぐ、
背中を押されるのを待つ友人を説得してみよう。
ガキ大将になってみよう。
あなたの説得が
決定的な口実になるように。

あるいは
ガキ大将になったあなたが
あなた自身を説得してみるのはどう?

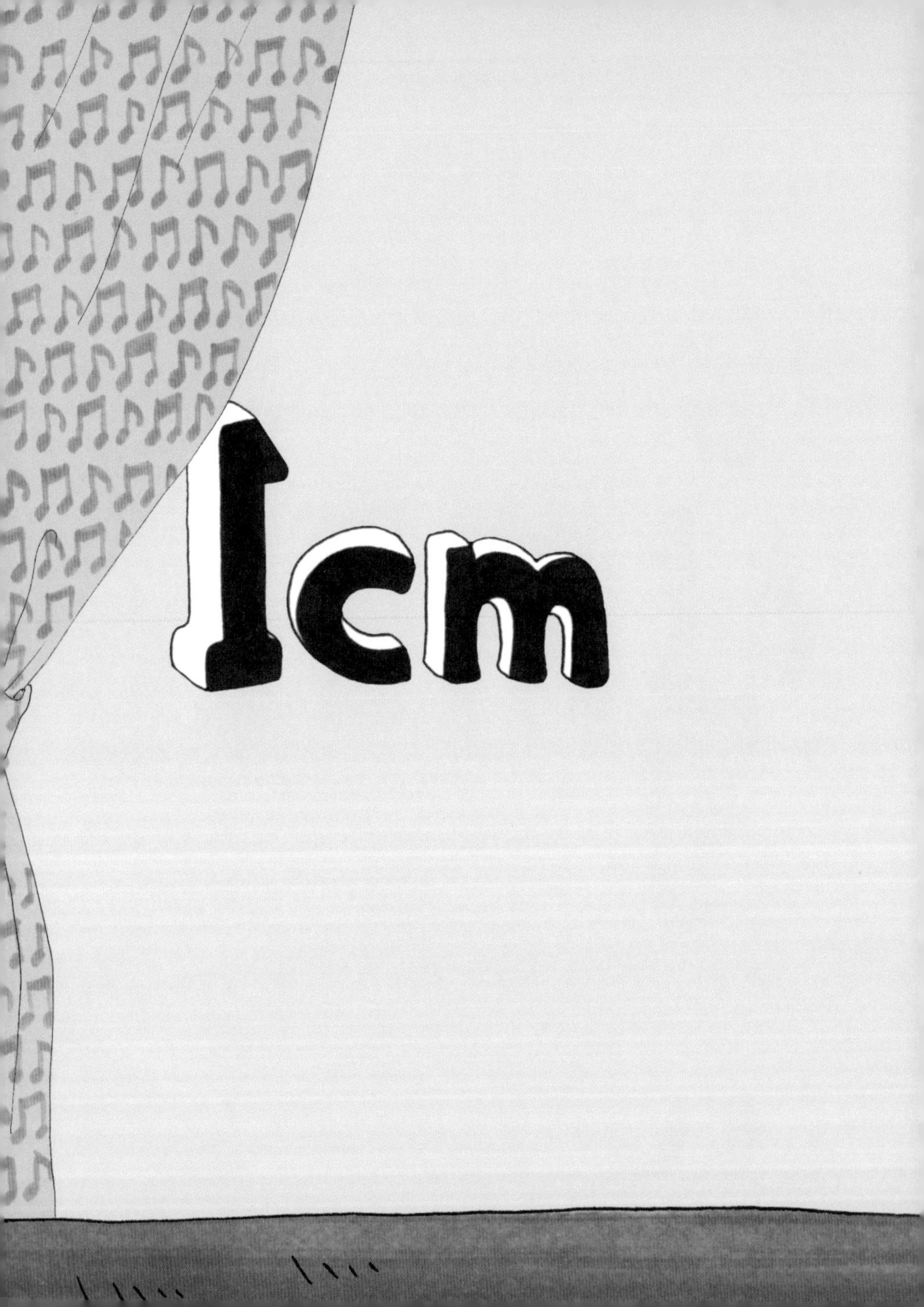
1cm

TO RELAX

日常にホッとできる
1cmの余裕を

週末の美徳

Monday

← Tuesday

Wednesday

1-1.
人々が平日を
理性的に過ごせるのは
その先に週末が待っているから。

Thursday

Friday!!

1-2.

人々が平日を
平常心で乗り越えられるのは
弾けられる週末があるから。

警戒するか、親しくするか

警戒しよう。
口で笑って目は笑っていない顔
金曜日、夜7時の会議
心にもない「会いたい」を口にする習慣
酔った勢いの本音やウソ
人の不幸で盛り上がるおしゃべり

親しくしよう。
かけがえのない友達
カラオケ用ダンス曲の練習
3日坊主を3日に一度ずつ始める才能
心から温めてくれる人
バランスの取れた献立と1日1リットルの水
時々空を見上げる習慣
迷子の猫と話をする方法

こう見ると、まだ
警戒するより
親しくするものが多いから
いい世の中ってことになりますよね。

Perfect Calendar

Perfect Calendar

SUN	FRI	SAT	SUN	FRI	SAT	SUN
				1 メーデー	2 100日記念日 I Love you~	3
4	5	6	7	8 創立記念日	9	10
11	12	13 My Birthday!	14	15	16	17
18	19 AM 10:30 フライト	20 3泊4日 Hong Kong ~♥	21	22	23	24
25	26	27	28	29	30	31

おめでとうございます！
定時で上がってください

あなたは今
ペンローズの三角形*と同じカレンダーを
見ています。

*Penrose triangle：
　イギリスの数学者ロジャー・ペンローズが1950年に考案した図形。2次元でだけ表現可能で実際には存在しない。

キリギリスの代表として

怠けものから怠けぐせを取り上げるのは
存在を否定するようなものだと
私、キリギリスは、声を大にして言いたい。

マメなアリたちとその子孫や家族を
模範と決めつける先生や両親たち、
そして童話を発行する出版社のみなさん、

何百年もの間、代々、木陰で歌を歌いながら
童話作家と無数の人の非難にもめげず
ものぐさを担保に、どんな名誉もお金も望まない
このキリギリスたちを、
運命のごとく生きられるように
放っておいてください。

花が咲く春を楽しめるように
緑があふれる夏を楽しめるように
詩を詠むのに清々しい風が吹く
秋を楽しめるように、
そして雪が降れば白い雪の上で
静かに息を引き取れるように
お助けください。

物思いに耽る暇もなく、四季を楽しむ余裕もなく
春も夏も秋も楽しめず
ふと寒い冬が近づくのだけを感じる一生は
キリギリスにとってあまりにも酷です。
抗うことのできない厳冬に、
歌や詩、さらには痩せた体まで差し出して
"壮絶な"死を遂げられるのは
春、夏、秋じゅう未練残さず遊べた幸せのおかげゆえ。

だから、お願いします。
彼らが怠けたおかげで、壮絶でも幸せな死を迎えられた事実を
後世に広く語り継ぐことができるように、
そうしてキリギリスの子孫たちが、もっと模範とされるように、
彼らの生まれ持ったロマンあふれるものぐさを
我慢せずに一生楽しめるように、
アリのように働かされる運命に処されたキリギリスたちを
どうか今すぐ解放してください。

私、この小心者のキリギリスは
神のいたずらで、アリ同様の運命に巻き込まれ
我慢していたらそのしがらみから這い出せず、
歌も歌えなくなっているキリギリスの代表であり
怠けものとして楽しむ自由の許可を願うべく
アリ政府に主張するところであります。

アリはアリらしく
キリギリスはキリギリスらしく。

四つ葉のクローバー

この上ない幸せは

小さい幸せが次々と訪れること

人生に関する疑問

疑問1.
どうして夜7時に
好きな人の顔を見ることが
こんなに難しくなったのだろう？

疑問2.
どうして1日3食きちんととって
夜7時に会社を出て
週3回ジョギングして
週末に友達と会うことが
こんなに難しくなったのだろう？

疑問3.
どうして空を見上げて
季節の変化を風で感じ
すれ違う人に微笑みを感じ
隣に住む少女のあだ名や
野花の名前を覚えることが
こんなに難しくなったのだろう？

疑問4.
どうしてこんな疑問を抱く人が
どんどん減っているのだろう？

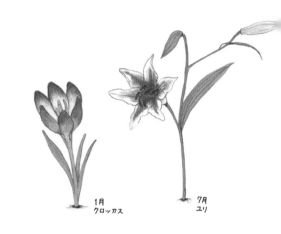

1月
クロッカス

7月
ユリ

12月
ヒヤシンス

1月
ンパニュラ

10月
コスモス

6月
バラ

3月
チューリップ

2月
サクラソウ

9月
ダリア

8月
ヒマワリ

5月
カーネーション

4月
アネモネ

脱線

"エスカレーターで飛び跳ねたりふざけたりしないでください"
"食品は、消費期限を確かめ正しく選んでください"
"Listen and repeat."
"1日3回3分間、食後3分以内に歯磨きをすること"

エスカレーターで飛び跳ねたりふざけたりしたら？
消費期限を確かめずに食品を選んだら？
聞くだけで、繰り返さなかったら？
1日1回1分間だけ、食後3分以上経ってから歯を磨いたら？

ときには誰でもあまのじゃく。
言われたとおりにしたくない。

ありがたいのは、
どんなに頭に来ても、割れない物だけ選んで投げる冷静さのように
脱線は、日常の中にちゃんと収まっている。

4車線道路を、青信号を待たずに赤信号で行ってしまうとか
人相が悪い人の肩をぽんと叩いてしまうとか
5階建てビルで、重力の法則を自ら試してしまうようなことは
それなりの理由なくしては、起こらない。

だから、ときには
心と体が向かうままにしてもいい。
わずかな脱線は、日常の活力源になってくれるから。

金曜日の晩、上司からの着信を
2度も拒否した場合

金曜日の晩、上司からの着信を2度も拒否した場合、
次の中で起こり得ないことは？

1.クビになる
2.はっちゃけた夜を過ごす
3.誰かが死ぬ
4.辛い月曜日が予想される

解答は3番。
金曜日の晩に上司の着信を拒否しても
誰かの生命が脅かされることはありません。
（ただし、あなたが医者の場合は除外されます）

万が一、あなたが心臓の弱いタイプなら
寝不足で出勤した月曜日、上司が出した150デシベル以上の声に
晴れた日の雷に打たれて命を落とすような確率で、心臓麻痺を起こすかもしれませんが
人生が変わるかもしれない金曜日の夜を死守するためなら
それくらいは我慢できるのでは？
それくらいの我慢で済むのなら
自動的に1番と4番なんて、なんでもないでしょう。

残念なことですが
多くの人のクリーンな金曜日の晩が、今でも
上司の電話で汚されているのです。

金曜日の晩にはスマホの電源を切る習慣をつけましょう。
金曜日の晩に電話をかける上司の指は
少しの間冷凍保存してしまいましょう。
（解凍できないかもしれないって？　まあ、それも仕方ないでしょう）

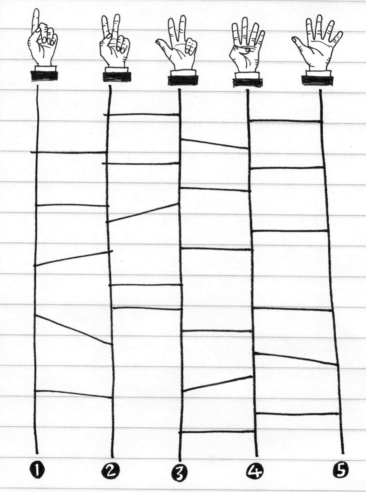

❶ 34+1ページへ　❷ 88+1ページへ　❸ 148+1ページへ　❹ 180+1ページへ　❺ 208+1ページへ

定時上がりの進化

「手段と方法を選ぶな」

と先輩は言った。

「言葉ではなく実行に移すのが大事」

と後輩に教えた。

サラリーマン・マニュアル

A Salaried Man Manual

Monday Morning

月曜日の朝に出勤する方法*

アラーム音を聞く
起きて顔を洗う
肌を整え服を着る
玄関に向かう
ドアを開ける時は、右手を使う
右手を右に回す
ドアが開いたら外に出る
エレベーターに乗る
1Fのボタンを押す
バスや地下鉄に乗る
目的地に到着する
仕事を始める

A Salaried Man Manual

Friday Evening

金曜日の夕方に退勤する方法

すみやかに逃亡せよ

＊したくないことは、いつでも面倒に思えるもの

食パンに塗られたジャム

日常が食パンなら
幸せは食パンに
塗られたジャムみたい。
味気ないパンを
ふわっと甘くしてくれる。

ひとつの鍵穴、いくつもの鍵

人生に
鍵穴はひとつでも、鍵はいくつもある。

例えば
"憂鬱な気分"というドアを開けられる鍵は

1ℓの水、あるいは1㎖の涙
ペッパートーンズの "Ready, Get Set, Go!" のような気分の上がる曲
電話で5分だけのおしゃべり、あるいは10分だけのお昼寝
散歩している犬の観察
止まらないネットショッピング
軽いスニーカーを履いたジョギング
懐かしい手紙
…
‥
．

だから今
誰かと別れても
ひどく落ち込んでいても
試験が不合格だったとしても
なかなか開かない鍵を握りしめているなら
少し顔を上げて周囲を眺めてみよう。

そのドアは
意外と
いとも簡単に
開くかもしれない。

あなたの今日に晴れ渡った空を処方します

晴れた空とうつ病
晴れた空と夫婦喧嘩
晴れた空と被害妄想
晴れた空とアルコール依存症
晴れた空と不眠症
晴れた空と3度目の別れ
晴れた空と北朝鮮の核問題
どれも釣り合わない単語のように、

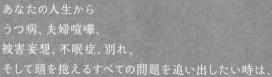

あなたの人生から
うつ病、夫婦喧嘩、
被害妄想、不眠症、別れ、
そして頭を抱えるすべての問題を追い出したい時は、

1日3回
空を見上げてください。

そうすれば、晴れた空のように
問題はやがて解決されるだろうと気づけるはず。
すべての問題は地上にあるだけ。
それも地球ーアジアー韓国ーソウルー漢南洞にあるだけだから。

あなたの一日に
晴れた空を処方します。

健康は、元気な時に守り
空は、晴れた時に見上げましょう。*

1cm

TO GROW

あなたは日々
1cmずつ成長している

コンプレックスとチャームポイント

コンプレックス……面長の顔

チャームポイント……面長の顔

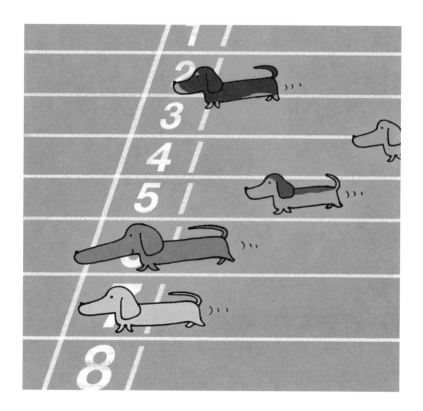

コンプレックスもチャームポイントになる。
トナカイさんの"真っ赤なお鼻"のように。

世の中が公平な理由　その1

お金のないあなたには
若さがある。
若くないあなたには
愛する妻がいる。
愛する妻がいないあなたには
無二の親友がいる。
無二の親友がいないあなたには
人並外れた歌唱力がある。
人並外れた歌唱力がないあなたには
才気あふれる話術がある。
才気あふれる話術がないあなたには
人を自然に笑顔にさせる力がある。

何も持たない人など
この世の
どこにもいない。

痩せこけていても
笑うと素敵

世の中が公平な理由　その2

神は

背を高くする代わりに胴長を
背を低くする代わりに体型の黄金比を創られた。

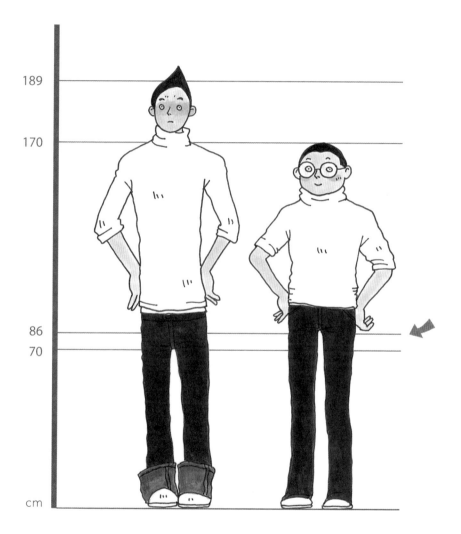

189

170

86

70

cm

210+1

原始的命題

ファッションが発達し始めたのは、

"男性によく見られたくておしゃれする"

という原始的命題を捨て去ってからだ。

彼女について

$$\dfrac{\text{👩} \pm \sqrt{(\text{👩}^2 - 4\,\text{👩})c / 2a}}{3\frac{1}{2} \times (\text{👩} + \text{👩})}$$

＝

彼女を
愛するのは

彼女を
理解することより
簡単だ。

買い物と人生　その1

私たちはショッピングをする時

の良いところと

の良いところと

の良いところと

の良いところと

の良いところと

の良いところと

の良いところと

の良いところと

の良いところと

の良いところと

の良いところと

の良いところを

ぜんぶ足したような
幻の靴を探し回る。

そして、もっと驚きなのは
その靴を見つけ出してしまう執念。

ショッピングと人生の共通点は
簡単に諦めてはいけないということだ。

買い物と人生　その2

「つま先部分が気に入らない」
「つま先部分は気に入ったのにリボンが嫌」
「リボンはかわいいけどヒールが高すぎる」
「ヒールの高さはちょうどいいのに
　　つま先部分が気に入らない」

私たち、
そう簡単には納得しない。

買い物と人生　その3

「靴がない」
靴を買う。

「靴に合うストッキングがない」
ストッキングを買う。

「スカートに合わせるジャケットがない」
ジャケットを買う。

「ジャケットに合うスカーフがない」
スカーフを買う。

「スカーフの色と靴が合わない」
靴を買う。

そしてメビウスの輪のように無限ループ。

ショッピングはショッピングを生み
ショッピングはまたショッピングを生み
ショッピングはさらなるショッピングを生んだのだ。*

＊「アルパクシャドはシェラを生み、シェラはエベルを生み、エベルはペレグを生んだ。」——『創世記』11章より

買い物と人生　その4

彼女のことを知りたいのなら
彼女のショッピングを見ればいい。

私の歴史は
ショッピングの歴史。

タバコも口先だけの言葉も減らさないといけません

天空に輝くあの星をとってあげるという彼の言葉は、
地上に咲く一輪の花を摘んでくれるほどの
感動はくれない。

「口が上手ければ、なんとかなる」
なんて昔から言うけれど、
それは間違い。

226+1

愛とシミを除去するタイミング

ケチャップのシミ
口紅の跡
鳥の糞
どこで付いたのかもわからない
名もなきシミたち。

世界のすべてのシミを消せるのは
どんな石鹸でも漂白剤でもなく
タイミングだ。

いくら消すのが難しいシミでも
服に付いてすぐに水で洗い流せば
すっかり消えてしまうもの。

だから
もし今シミが付いたら
それが
忘れてしまいたい人でも
気分が浮かない1日でも
自分の失敗でも、人の失敗でも
その時すぐに消してしまおう。

残ったシミを見ながら当時を蒸し返すのは
もっとも愚かなこと。
シミはその瞬間に消して
いい想い出だけをずっと残そう。

折り曲げてください

1%のあなたから

無表情な１００人のうち、たった一人笑っているのが
あなたでありますように。

みんなが黙っている時、たった一人歌を歌うのが
あなたでありますように。

つまづいて転んでも、たった一人さっと起き上がる人が
あなたでありますように。

愛を語らない人々の中で
一人だけ愛を固く信じる人が
あなたでありますように。

最初に笑い
最初に歌を歌い
最初に起き上がり
最初に愛することを恐れないで。

そうすれば
２番目に笑う人、
３番目に歌を歌う人、
４番目に起き上がる人、
５番目に愛する人が現れるから。
そんなあなたみたいな多くの人々で
世界は美しくなるから。

生きる価値ある世界にするために
最初から多くの人が必要なわけではない。

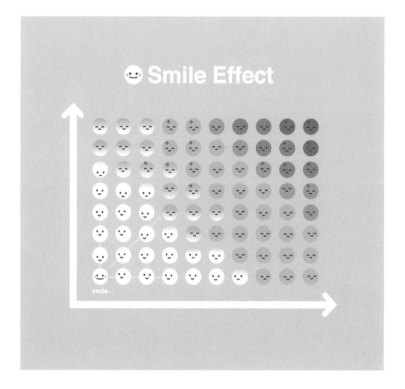

抱き寄せられる腕があれば

抱き寄せられる腕だけでも
あなたは人を幸せにできる。

今日1日何事もなく

今の恋人の名前の代わりに
昔の恋人の名前を呼んでしまう確率

中傷メールを
当事者に送ってしまう確率

最近太った同僚に
妊娠何ヶ月かと聞いてしまう確率

鍵をかけた日記を
鍵と一緒に失くしてしまう確率

人生には
致命的なミスをする確率が
あちこちに潜んでいる。

今日1日、
嬉しいことがなくても感謝しないといけない理由は
きっとある。

234+1

「あなたって最高！」

「あなたって最高！」

この言葉を耳にしたあなたの心は、
音楽的に表現するなら
こんなふう！

意志あるところに道は開ける

誰かに会いたいと強く願う人には
その人へと続く道が、
必ず夢を叶えたいと思う人には
その夢を助けてくれる道が、
どうしても旅行に行きたい人には
切符を手に入れる道が、
生きたいと強く願う人には
いのちを助けてくれる道が開かれる。

それは人生の魔法。

強く願えば
私たちは誰でも
魔法使いになる。

無料貸出し

旅人のためのガイドライン

1.
行き方がわからないなら、道を聞く前に出発する。
└予想外に多くの答えを見つけられるでしょう。

2.
食べたこともない料理が出てきたら、怯むことなくまず楽しむ。
└いい土産話になるでしょう。

3.
他の旅人に出会ったら、心を開く。
└その人が旅の新たなページを開いてくれるでしょう。

4.
疲れた時は、旅に出る前を思い出す。
└疲れてソファーに沈み込んでいた自分とは比べられないほど幸せでしょう。

5.
最後に、
旅が終わる前に
次の旅を準備する。

人生はどっちみち果てしない旅だから。

例えば

"芸術家みたい"
"詩人みたい"
"先生みたい"
"アイドルみたい"
"物語の主人公みたい"

あなたはどんなふうに
例えられている?

人生をもう少しカッコよく生きる理由はたくさんある。

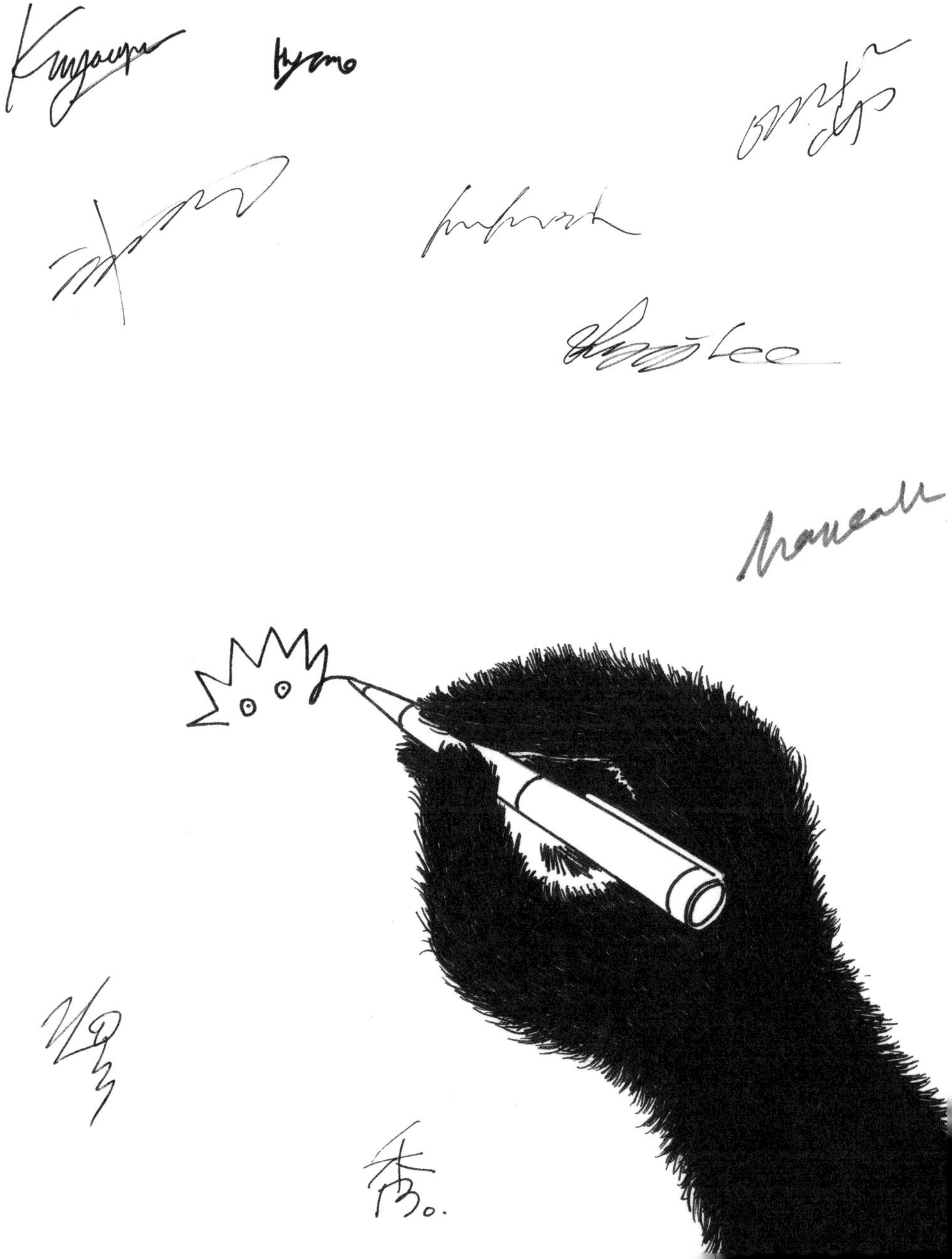

森を見るために

森を見るためには
一度森を離れて帰ってくるといい。

そうしたら
わかるはず。

どこかへ旅立つより
どこかから旅立って来るほうが
ときにはもっと大きな勇気を必要とするってことが。

人生の授業

人生を考えさせてくれるのは死で
笑いを価値あるものにするのは涙で
愛を成熟させるのは別れだ。

人生には
ひとつとして捨てるものはない。

経験はすべて
人生の授業。

後悔

やっても後悔し
やらなくても後悔するなら

やってみて
後悔するほうが
いい。

やってから後悔するのは
やらないで後悔するより
いつも短く済むはずだから。

宝さがし

いつもどこかで、聴いていたい音楽が演奏されているはず。
どこかで、味の好みにぴったりの料理が作られているはず。
どこかに、ずっと見ていたい風景が広がっているはず。
どこかに、一生を共にしたいと思う人が生きているはず。

これらは人生の宝物。
そして
人生は宝さがし。
見つけようと思っても見つからない、
探さなくてもふと見つかるもの。

宝物は隠れているかと思えば、
どこかで、ある時ひょっこり顔を出す。
それが
日々ワクワクしたり
ドキドキしたりしていい理由。

1日のどこかに、1ヶ月のどこかに、1年のどこかに、
宝物は隠れている。
家のどこかに、通りのどこかに、旅先のどこかに、
宝物は隠れている。
過ぎゆく一刻一刻、踏み締める一歩一歩、
そのどこかに隠れては現れる。

今日、見つからなくても悲しまないこと。
明日は見つかるかもしれないから。
ここで見つからなくてもがっかりしないこと。
遠くで見つかるかもしれないから。

ときには
宝物を探す過程が宝物。
ワクワクドキドキすることは
宝物を見つけるのと同じくらいに楽しい。

人生は宝さがし。
見つかれば楽しく、
見つけられなくてもやっぱり楽しい。

そう思えれば、誰にとっても
人生は宝物なのだ。

世界は私の力でもっとよくなる

　1年が365日で分けられているのは
365回、機会を与えるため。
毎日太陽が昇るのは
毎日新しい力をみなぎらせるため。

何かできると思うなら
その気持ちを信じよう。
そして365回の機会と
毎日与えられる新しい力を生かそう。
自分の気持ちを信じ、思いのままに行動するなら
最後には自分だけでなく世界も動かせるはず。

世界のために何かができると信じ
自分の力で世界をよくできたなら
人生でいちばん意味がある。

自分の才能、自分の性格、自分の置かれた状況。
このすべてに理由がある。
その理由を見つけ出し
その理由を念頭に置き
その理由に従い行動しよう。

神は
何の理由もなく
あなたを世界に存在させるほど
暇ではありません。

選択

集中すべきひとつのことと
逃したくない、いくつかのことの狭間で

たくましい女性が生き残るという考えと
しなやかな女性が愛されるという通念の狭間で

3歳から80歳まで続く友情と
心臓まで差し出せるほどの愛の狭間で

もっといい明日のためにする苦労と
今日を楽しもうとする能天気の狭間で

それ以外の無数の悩みと選択の狭間で

1日に何回も
合理主義者かと思えば完璧主義者になり
ジャンヌ・ダルクかと思えばシンデレラになり
友情を貫くかと思えば愛に溺れ
努力家かと思えば楽観主義者になったりする。

そして
その時々に選択された
完璧主義者、ジャンヌ・ダルク、愛に溺れた人や楽観主義者（またはその反対）が
私たちの姿になる。

その時々に下される選択が、結局
自分を作っていくのだ。

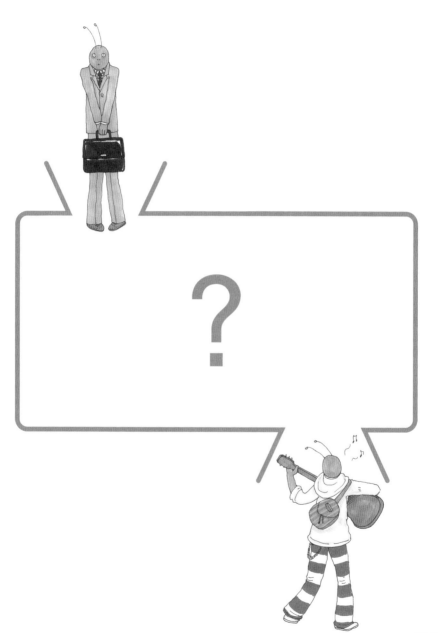

254+1

彼女に必要なもの

彼女に必要なのは

満ちあふれる愛
そして

自分自身を愛するための
十分な時間

今日もいい1日

誰かは今日
庭に花を咲かせた。

誰かは今日
転んだ人に手を貸した。

誰かは今日
誰かに折り紙を教えてあげて

誰かは今日
飛ばされた風船を捕まえてあげた。

毎日がチャンス。
誰かの人生は
他の誰かの人生の
花となり
助けとなり
いい知らせとなる。

ゆえに生きることは
美しい。

子どもとして生きる時間より、
大人として生きる時間がずっと長いのは

子どもとして生きる時間より、
大人として生きる時間のほうがずっと長いのは

子どもの頃の果てしない純粋さを
忘れてはいけないということ。

子どもの頃の飾らない笑顔を
忘れてはいけないということ。

子どもの頃に得た無償の愛や関心を
それをそのまま返した素直さを
忘れてはいけないということ。

そうした忘れてはいけないことは
すべて幸せなことだから。

大人として生きていると
幼い頃、簡単に手に入れていた幸せを
忘れてしまう。失ってしまう。

子どものように純粋になって
子どものように笑い
子どものように愛し愛されれば

また子どもみたいに
簡単に幸せになれる。

大人になった私は、時々
子どもだった私に教わっている。

優れた話術、11歳の料理の腕前

Aは話術に優れているが、整理整頓は7歳並み。
Bは驚くほど整理整頓が得意だが、料理の腕前は11歳並み。
Cは料理の腕前は際立っているが、経済観念は13歳並み。

永遠に成長しない部分は
誰にでもある。
それは人生のどこかの時点で成長が止まってしまった部分。
中学生の頃に背が止まってしまったように。
絵の実力が小学生の頃と今も変わらないように。

だけど
これ以上伸びないことも
そこまで伸びたのだから
よしとしよう。
否定なんてせずに
自分の中の伸びない部分も受け入れよう。

それが12歳並みの経済観念だろうが
9歳並みの料理の腕前だろうが
7歳並みの絵の実力だろうが。

皮肉なことだけど
私たちはそう考えるだけで
ちょっぴり成長する。

長い年月だけでは
慈しみ深い老人にはなれない

"慈しみ深い"という形容詞には
"老人"という名詞がよく合う。
"知恵深い"という形容詞にも
"老人"という名詞がよく合うように。

でも
年を重ねるほど慈しみ深くなることと
年を重ねるほど知恵深くなることは、
形容詞と名詞がよく合うように
自然に身につけられはしない。

ときに私たちは油断している。
年を重ねれば自然に
"色あせるように慈しみ深くなるだろう"
"色あせるように知恵深くなるだろう"
"月日が経てばそうなるだろう"と。

でもそれは違う。
月日の流れはあなたを慈しみ深く
知恵深い老人にしてはくれない。

自然に身につくものと信じるのではなく
そうなりたいと願い月日を過ごす時
ようやく
新しい生命のように慈しみ深い老人が誕生する。
知恵深い老人が誕生する。

老松のようにほんのり香る人は
そんなふうにして成るのだ。

笑う準備をしていれば

笑う準備をしていれば

笑顔は早く訪れる。

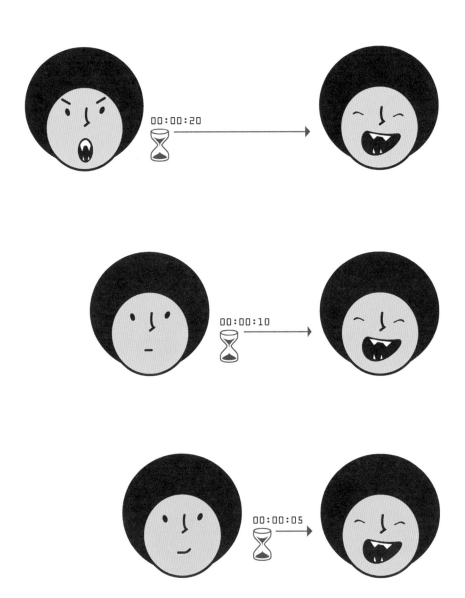

00:00:20

00:00:10

00:00:05

自分を愛そう（Love Myself）

自分を愛そう。傷つけないでおこう。
自分を傷つけてしまったら
その傷が治るまで痛みに耐えるのも、
傷を治すために薬を飲まないといけないのも、
自分自身だと覚えておこう。
転んでも結局起き上がらなくてはならず、
起き上がる時に必要なのは自分の二本の足だ。
だから自分をもっと大切にすべきだと覚えておこう。

自分を愛そう。
他の人を愛しながら、自分自身の愛し方を学ぼう。
甘いだけで虚しい恋愛にのめり込むのではなく
温かく、根のように揺るがない恋愛をしよう。
調味料みたいにつかの間だけおいしい恋愛ではなく
家で炊くご飯のように温かく、しみじみと味わい深い恋愛をしよう。
愛されていると感じられる恋愛をしよう。
あなたを愛する人にもそう感じさせよう。

自分を愛そう。
ときには怠けよう。適当にサボろう。
怠けてみることで、マメであることの美徳を学び
適当にサボりながら、ルールの重要性を学ぼう。
ポイントは、自分のペースを取り戻せる程度に怠けること。
怠け果てて走り方を忘れてしまったら、
サボりすぎてルールを忘れてしまったら、
自分だけでなく、周りの人まで疲れさせてしまうと
覚えておこう。

自分にあまり厳しくするのもやめよう。
「人間の価値は、どう休めるかにかかっている」と
《タルムード*》に書いてある。
十分に休む時間を自分にあげよう。
その間に自分が好きなことを見つけよう。
それは新しい喜びとなり
その喜びはあなたをもっと輝かせてくれるから。

自分を愛そう。
さまよう姿を愛そう。
それは人生に悩む立派な姿。
ときには夜通しお酒を飲んでもいい。涙を流してもいい。
お酒や涙は問題をちょっと忘れさせてくれるから。
でも、問題を解決してはくれないと覚えておこう。
翌日、空が晴れたら
すべての問題を陽射しの下に広げよう。
そこでもう一度問題を眺めたら
夜にはとても大きく見えた問題も、実は意外に小さく
深く見えた傷は、思いの外浅いとわかるから。

自分を愛そう。
「自分を愛そう」と誰かに言おう。
もっと多くの人たちが自分を愛せるように。
自分を愛する方法がわかれば
誰かを愛する方法もわかるから。
これはぜんぶ、結局
人と人が愛し合うことにつながるから。

自分を、愛そう。

*ユダヤ教徒の信仰の基となるモーセが伝えた「口伝律
法」を収めた文書群。ヘブライ語で「研究」という意味。　268+1

登場人物紹介

モンスター

名前:不明
年齢:不明
性別:男
性格:Aタイプ (130ページ参照)
特徴:体の大きさを自由自在に変化させられる

スーパーモデル

オーストラリア出身モデル。韓国好き。
ヴィクトリアSクレット専属。職業病で普段か
らランジェリールックを楽しむ。ルーズパンツ
に心酔、様々なスタイルを見せてくれる。

痩せこけた男

矛盾の塊の20代。
食べる量に比して痩せ、いろいろ考えているように見える
が、頭は空っぽ。恋に積極的ではないが女性関係は複雑
(主に女性にふられることで終了する)。

天才少女

冷笑的な態度をとる両親に育てられ、ダダをこねる
ことはない。趣味はロボットを組み立てること。アイ
ンシュタインに憧れるのと同じくらい猫が大好き。

成熟少年

見た目は大学院生、実際は12歳。
義務教育課程に疑問を抱くが、真面目な性格から
過去4年皆勤賞を達成。
最近スーパーモデルに恋をし、人生の新たな局面を迎えた。

*61+1ページの答え:가지마 (「行かないで」という意味)

+1cm LIFE
たった1cmの差があなたの未来をがらりと変える

2021年2月24日　第1刷発行
2023年10月17日　第4刷発行

著　者	キム・ウンジュ　キム・ジェヨン
訳　者	小笠原藤子
日本語版デザイン	佐々木伸　周田心語
手書き文字	菅原実優
校　正	株式会社ぶれす
編　集	森彩子
発行者	山本周嗣
発行所	株式会社文響社　〒105-0001　東京都港区虎ノ門2-2-5　共同通信会館9F
	ホームページ　https://bunkyosha.com
	お問い合わせ　info@bunkyosha.com
印刷・製本	株式会社光邦